# 自慢《ウフフ》したくなる卵《ウッフ》の料理

平野 由希子

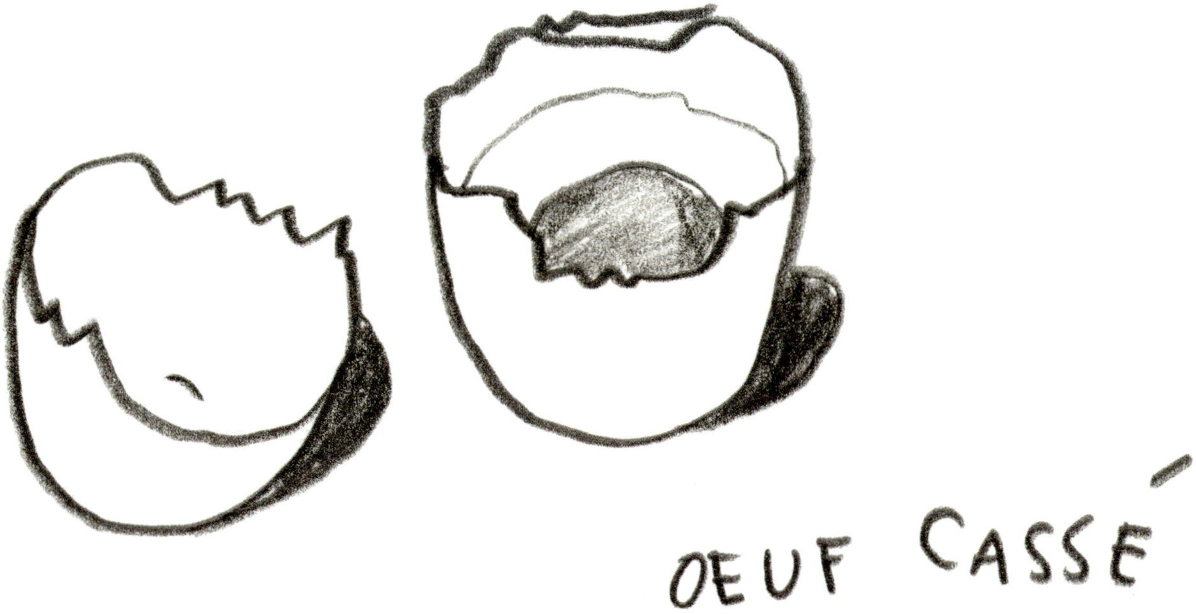


講談社

# はじめに

卵の本を出すことになって、考えた。
オムレツ、オムライス、目玉焼き、卵焼き、卵チャーハンなど、
定番のものをきちんと押さえたレシピ集がいいな、と。
家庭で作るレシピにそれほどのバリエーションはいらないと思うから。

そして、さらに考えた。
卵料理はほんとうにむずかしい。
オムレツひとつ、チャーハン、親子どんぶりにしたって、
それぞれにプロがいる領域だ。
私も、家庭料理のプロのはしくれではあるけれど、
その道何十年のプロに比べたら、卵焼きひとつかなわない。
でも、修業をしなくちゃいけないようなむずかしい技術は
家庭にはいらない、とも思う。

そして、出した答えが、
ほんとうに食べたいと思うもの、ちゃんと作れるもの、
家庭で作るためのコツがわかるレシピを
私自身、もう一度見直して新たに作ること、だった。

世に出すからにはもっとおいしく、って研究しました、ワタシ。

ヒラノユキコ

目次

本書の決まり：計量の単位は、小さじ =5cc、大さじ =15cc、1 カップ =200cc です。

COCORICO*
Le Coq

# Part 1

## ほんとうに食べたい定番

あらためて世に出すからにはもっとおいしく、

って研究しました、ワタシ。

あるとき、オムレツの作り方を変えてみた。

黄色い卵色のまんまのホテルみたいなオムレツはやめて、

香ばしい焼き色をつけることにこだわってみた。

これがおいしさの秘訣。

こがしバターのふわっとした香りのするオムレツを

朝食だけにしておくのはもったいない。

ワインにだってよく似合う。

# こがしバターのオムレツ

ワタシの研究成果は次のページに。

# こがしバターのオムレツ

材料（1人分）
卵　3個
バター　大さじ1
塩　少々

1　ボウルに卵を溶きほぐす。フォーク、または菜ばしで卵のこしが残る程度に、卵白をきってかき混ぜる。塩少々を加える。こしょうは入れない。

2　小さめ（直径20～22cm）のフライパンにバターを熱す。火加減は強めの中火。バターが溶けた後、ふわっと立った泡が消えかかって、パチパチいわなくなった瞬間（ブールノワゼットという香ばしいバターになった瞬間）に卵を加えて、ゴムべら、または菜ばしでかき混ぜて半熟にする。

3　ゴムべらを動かすのをやめ、強めの火のまま8～10秒ほど焼いて、表面は半熟の状態をキープし、卵に焼き色をつける。ついいじりたくなるのだけれど、ぐっと我慢して焼き色をつける。このタイミング、ぜひつかんでみて。

4　両サイドを中央に折り曲げたら、向こう側に寄せて、フライパンの形を利用して形づける。

5　手を逆手にしてフライパンを持ち、皿の上にひっくり返す。

6　キッチンペーパーをのせ、形を整える。

1人分卵3個

卵のこしを残す

バターはこがす

強めの中火のままで

8～10秒じっと焼く

ワタシの自由研究

テーマ1：
オムレツに焼き色をつける？　つけない？

結論：
「こんがりこげ目がついていたほうがおいしい」

そのわけ：
教則本には必ずといっていいほど、バターが溶けかかったところに卵液を入れることになっている。そして表面に焼き色をつけない。私もそういうオムレツを作っていた。でも正直言うと、そんなに好きではなかった。
ある日、ワインを飲みにでかけたら、そこのメニューにオムレツがのっていた。ワインバーでプレーンオムレツというのが、何だかうれしくて注文してみた。そうして出てきたオムレツにはこんがりとした焦げ目がついていた。そのオムレツがとってもおいしかった。
以来、私のオムレツは焼き色つき。そして、大のオムレツ好きになった。

テーマ2：
バターがどんな状態のときに卵を入れる？

結論：
「ふわっと立ったバターの泡が消えかかって、パチパチいわなくなった瞬間」

そのわけ：
ちょうどよいタイミングはきつね色にバターが色づいたところ。フランス料理では、ブールノワゼット、はしばみ（ヘーゼルナッツですね）のバターという。溶けたバターではなく、このバターの香ばしい風味がオムレツをおいしくしてくれる。
こがしバターというけれど、こがし過ぎてしまったら台なし。色は黄金色がベスト。

片側から折る

→

もう片側も中央に

→

逆手で持つ

→

皿にひっくり返す

→

形を整える

オムライスは絶対にケチャップ味。
具はもちろん鶏肉でチキンライスに。
デミグラスソースやホワイトソースみたいな
ごちそうソースはいらない。
ケチャップ味のチキンライスを
とろっとした卵で包んだら、
真っ赤なケチャップをかけよう。
オムライスはこうでなきゃ。

# オムライス

ワタシの研究成果は次のページに。

# オムライス

材料（1人分）
卵　3個
ごはん　100g
玉ねぎ（粗みじん切り）　大さじ2
鶏もも肉　40g
サラダ油　大さじ1
トマトケチャップ（作り方16ページ参照）
　大さじ1～1½
塩、こしょう　各少々

＜まずはケチャップライス＞

1　鶏肉は小さめの一口大に切り、塩、こしょうをする

2　フライパンにサラダ油を熱し、1の鶏もも肉を入れて炒める。焼き色がついたら、玉ねぎを加えて炒め、トマトケチャップを加える。

3　2にごはんを加えて、塩、こしょうして炒める。

＊　普通にお店で売っているケチャップで作るときは、ごはんにケチャップ味をしっかりきかせて、できあがりにはケチャップをかけないのがおすすめ

＜次に卵を焼く＞

4　ボウルに卵を溶きほぐす。フォークで卵のこしが残る程度に、卵白をきってかき混ぜる。塩少々を加える。こしょうは入れない。

5　小さめ（直径20～22cm）のフライパンにバターを熱す。火加減は強めの中火でバターが香ばしい香りと色になったら、卵を加えて、ゴムべら、または菜ばしでかき混ぜて半熟にする。

6　半分程度がやわらかめの半熟になったら、かき混ぜるのをやめ、ごはんを中央にのせる。このとき、火を止めても大丈夫。

7　6のフライパンを傾けて、向こう側に寄せ、ゴムべらやフライ返しで両サイドからパタパタと中央に折り曲げるようにする。

8　手を逆手にしてフライパンを持ち、皿の上にひっくり返す。キッチンペーパーで形を整え、ケチャップをかける。

1人分卵3個

→

混ぜ過ぎない

→

バターはこがす

→

半熟で火を止める

→

ごはんを中央に

→

ワタシの自由研究

テーマ1:
卵とごはんのグッドバランスは?

結論:
「卵3個にごはん100g」

そのわけ:
卵3個だととろとろ卵が作りやすい。卵2個でごはん茶碗1杯分の150gだと、食べる量としてはちょうどよさそうだけど、半熟卵に包まれたごはんにはほど遠い。卵2個で作るなら、ごはんは80gくらいがグッドバランス。ただし、とろとろに仕上げるのはちょっとむずかしくなることは覚悟して。

テーマ2:
どんなごはんが合うの?

結論:
「かために炊いた人肌のもの。
玄米ごはんもかなりおすすめ」

そのわけ:
ケチャップで味つけするので、ごはんがべっちゃりしがち。私は1割程度水分を減らして炊いたごはんで作る。玄米ごはんで作るのも、かなりおいしいと思う。ごはんの温度は熱々だと粘りが出る。冷たいとほぐれにくいので、人肌程度に温かいのがいい。

片側を中央に折る

もう片側も中央に

逆手で持つ

皿にひっくり返す

形を整える

## オムライスのために、ケチャップを作ろう

材料（作りやすい分量）
トマト水煮缶　2缶
玉ねぎ　1/2個
砂糖　40g
塩　小さじ2
米酢　大さじ3
ナツメグ、シナモン、クローブ、オールスパイス　各少々
こしょう　少々
ローリエ　1枚

1　玉ねぎはすりおろす。
2　1と、米酢以外の材料を鍋に入れて20～30分煮る。
3　2に米酢を加えてさらに10分。1/3量になるまで煮つめる。
4　3のローリエを取り除き、好みでミキサーにかけてなめらかにする。
＊　2～3週間は保存可能

作り方はあっけないほど簡単なのに、
ちゃんとケチャップになる。
スパイスをきかせたら、
ちょっと大人味のケチャップになる。

# 目玉焼き

材料
卵　1個
サラダ油　小さじ1

1　フライパン（できれば鉄製のフライパンがよい）を熱す。熱くなったところにサラダ油を入れてなじませ、中火にし、卵を割り入れる。
2　ジュッといったところで、火を弱めて好みの焼き加減に、4〜5分焼く。

ワタシの自由研究

テーマ：
黄身はちゃんと黄色く、
でも白身のまわりはこげ目をつけるには？

結論：
「ふたをしないで弱火で長めに焼く」

そのわけ：
白身に火をとおすためには、ふたをして、少量の水か湯を入れて蒸し焼き風にすれば簡単。でも、黄身の表面が白くなってしまうのが残念。あらかじめ、しっかり熱しておいたフライパンで弱めの火で少し長めに焼けば、ふたをしなくても好みのかたさに焼け、しかも黄身はちゃんと黄色いまま。

まわりがチリッとするくらいに焼けていて、
白身にしっかり火がとおっている。
だけど、黄身は半熟。
これがワタシのスタンダード。

# 目玉焼きをくずして、からめて……

## 焼きホワイトアスパラガス

ホワイトアスパラガスには卵のソースがよく似合う。オランデーズソース（38ページ参照）が定番だけど、目玉焼きとヴィネグレット（フレンチドレッシング）も申し分なし。バターをフライパンに入れて、溶けかかったら、ピーラーで皮をむいたアスパラガスを入れて塩をふり、弱火で全体にこんがりと焼き色をつける。器に盛り、好みのかたさに焼いた目玉焼きをのせ、ヴィネグレットとパルミジャーノチーズをからめて食べる。

## アマトリチャーナ

ゆであがったパスタに、パンチェッタと玉ねぎを入れて作ったトマトソースをからめたアマトリチャーナは、あの懐かしいナポリタンって味わい。あればペコリーノチーズやパルミジャーノチーズを混ぜるとよりおいしい。こんがりと焼いた目玉焼きを少しずつくずすようにして食べると、味に奥行きがでるのだ。

## キャベツのナンプラー炒め

できれば、春先に出まわる葉がやわらかい春キャベツがいい。キャベツをザクザクと切って、ベーコンと一緒に炒める。味つけはナンプラーで。目玉焼きがキャベツのやさしい甘みを引き立ててくれる。

## こがしじょうゆかけ、目玉焼きごはん

小腹がすいたときや、お酒のあとにこたえられない味。まず、のりを適当な大きさにちぎってごはんにのせ、目玉焼きをのせておく。小鍋にしょうゆとみりん（私の好みの分量はしょうゆ大さじ2に、みりん小さじ2の割合）を合わせて強火にかけ、香ばしい香りがし、半量くらいまで煮詰めたら目玉焼きの上からかける。

# ワタシの卵かけごはん

材料（1人分）
卵　1個
ごはん
しょうゆ　適宜

1　小さめの鍋に湯を沸かしたら、火を止めて、そこに卵を殻ごとそっと入れて1分ほどおく。
2　炊きたてのごはんに1の卵を割り入れて、しょうゆをかける。

火を止めてから卵を入れる

ワタシの自由研究

テーマ：
冷蔵庫から出したばかりの卵では冷たすぎる？

結論：
「1分ほど熱湯にくぐらせる」

そのわけ：
卵を室温に戻せればよいのだけれど、卵かけごはんを食べるときにそんなシチュエーションってむずかしい。使う卵のサイズも問題。卵かけごはん用に売られている卵はたいてい小さめサイズ。だけど、冷蔵庫にある卵や売られている卵はLサイズが多い。ごはんの量が少なめだと、ごはんは冷たくなってバランスが悪い……。そんなふうなことをあれこれ考えているうちに、こんなふうな食べ方をするようになった。これ、かなり気に入っている。

みんな結構驚くけど、
ワタシは、まず、熱湯の中に卵を入れてしまう。
少しだけおくと、白身にほんのり火が入って、
ごはんの量が少なめでも、卵がＬサイズでも
ほどよい温度で食べられる。

# みんなの卵かけごはん

卵かけごはんほど、食べ方の流儀がさまざまな食べ物って、ないんじゃないかと思う。

私はごはんに卵を直接割り入れるのだけれど、これはどうもO型の人に多いのだとか。A型の友人に言わせると、信じられないそうだ。直接割り入れる派を代表して言わせてもらうと、卵を割り入れるための器を使うのを面倒くさがっているとか、そういうことではなくて（そういう人もいると思うけど）、卵がごはんの上にのっているおいしそうなその姿が見たいのだ。せっかちで、卵を別の器に割るのがもどかしく、今すぐに食べたい、ということもあるけれど。

みんながどういう卵かけごはんを食べているのか、何だか気になってしまった。なので、ことあるごとに聞いてみた。

白身のずるっとした感じがイヤだから、しっかりかき混ぜてから、ごはんにかけるという人は結構多い。私が行っている美容院のヘアスタイリストのHさんは、白身だけを器に入れて、泡立つくらいにガーッと混ぜてから、黄身を混ぜ、冷やごはんにかけて食べるのだという。へえぇ……！？

冷やごはん派の人は案外といる。デザイナーのNさんは冷やごはんで、黄身だけ。やっぱり白身のずるっとしたところが嫌だからという理由。ごはんは卵ごはんに限らず、冷やごはんが好きなのだそうだ。

フードライターのOさんは、目玉焼きの黄身だけ。白身を先に食べてしまってから、ごはんにのせる。そのごはんはやっぱり冷やごはん。冷やごはんだと、卵の白身はよけい気になるかもしれない。

この三人とも男性。それにしても、大人の男の人って、冷やごはんが好きな人が多いのかも？

同じくフードライターのIさんは、卵かけごはんがご著書のタイトルにもなっているだけ

あって、やはり一過言あり。あったかいごはんに黄身だけ2個という贅沢さ。しかも外食で食べることが多いのだとか。

スタイリストのCさんは、卵をお取り寄せし、土鍋で炊いた白いごはん。かならず、のりを添えるのだという。そして、卵は一度に全部かけてしまわずに、白いごはんの部分を残しつつ、食べる。一杯のごはんでいろんな味を楽しめる。こういう食べ方をする人も結構多い。

添え物は一番人気ののりのほか、しらす、ちりめん山椒、ごま、たらこ、刻みねぎ、などなど。

そして、何をかけるかといえば、しょうゆだけとは限らない。脚本家のMさんは、卵かけごはんにしょうゆとみりんをかけて食べるとテレビで話していた。

かけるものはそれ専用のしょうゆも販売されているし、たまりじょうゆとか、バター、ポン酢、いろいろあるようだけれど、凝りすぎるのも、あんまりねぇ……。

そういえば、外国の人たちは生卵を食べる習慣がないけれど、そろそろ、卵かけごはんを食べたりしていないだろうか？　日本通のフランス人シェフに聞いてみたら、日本人のガールフレンドがあんまりおいしそうに食べているので、ひと口もらって食べてみたけれど、やっぱりだめだったとか。

卵かけごはんへの愛は、やっぱり一夜にしては生まれないのだ。

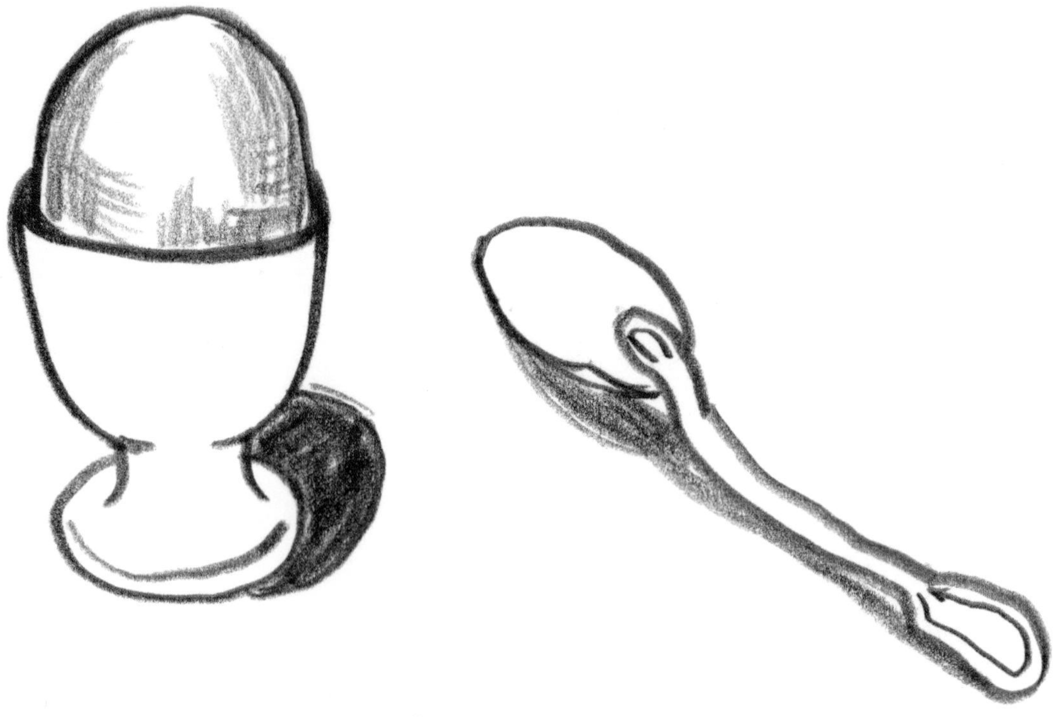

ŒUF COQUE

# Part 2

## ゆで卵

かたゆでも好きだし、半熟も食べたくなる。

料理によっても使い分けたい。

ワタシの研究成果は次のページに。

# ゆで卵

## かたゆで12分

水からゆで、沸騰してから12分間ゆでる。冷水にとって冷まし、殻をむく。
ポイントは、沸騰するまではしで転がす、火は中火、沸騰したら表面がポコポコいうくらいの火加減に保つ、の3つ。

## 熱湯7分
## 白身しっかり黄身とろり

沸騰した湯に卵をそっと入れる(お玉などを使うとよい)。はしで転がしながら、7分ゆでて冷水にとる。お湯から入れることで、白身がしっかり固まり、黄身がとろりと仕上がる。半熟煮卵などを作るのに活躍。

## 熱々半熟3分

水からゆでて、沸騰してから3分間ゆでる。冷水にとらずに、殻をむきながらスプーンなどで食べる。塩はもちろん、しょうゆで食べてもおいしい、ごはんにも合う。

### ワタシの自由研究

テーマ1:
ゆで方の常識って守るべき？

結論:
「ワタシは、水だけで問題なし」

そのわけ:
ゆで卵の正しいゆで方は、常温に戻して、塩、酢を入れてゆでる。常温に戻したり、塩を入れるのは殻にひびが入ってしまうのを防ぐため。酢を入れるのは殻にひびが入ったときに白身が流れ出るのを防ぐため。
とはいえ、卵を常温に戻しておけることって結構ない。新鮮な卵なら、少々ひびが入ったとしても白身がそれほど流れてしまうこともない。それに、そのために入れる塩や酢は結構な量が必要。少量では意味がない。私はいつも水だけでゆでている。

テーマ2:
ゆで卵がむきにくいときがあるけど？

結論:
「新鮮すぎる卵はむきにくい」

そのわけ:
産みたてから1週間ほどは二酸化炭素の働きで、白身がもろく、むきにくい。産みたて卵はひと晩室温におくとよい。

テーマ3:
卵をするりときれいにむきたい

結論:
「ゆで時間と同じくらい冷やす」

そのわけ:
熱いところから、冷水につけることで締まって、むきやすくなる。水の中でむくと、殻と白身の間に水が入り込むのでむきやすい。

かたゆで12分

熱湯7分白身しっかり黄身とろり

熱々半熟3分

# ゆで卵にうれしい、
# 混ぜるだけソース

## たらこソース

材料（作りやすい分量）
たらこ　1/2腹
オリーブ油　大さじ1

たらこは薄皮をはぎ、
オリーブ油と合わせて混ぜる。

## ブルーチーズクリーム

材料（作りやすい分量）
ブルーチーズ　50g
生クリーム　大さじ３～４

材料を合わせてよく混ぜる。

## 中華風ソース

材料（作りやすい分量）
オイスターソース　小さじ1
酢　小さじ1
しょうゆ　小さじ1
ごま油　小さじ1

材料を合わせてよく混ぜる。

ゆで卵は塩をふるだけでも十分においしいけど、ときどき、
こんなソースふうなものをつけたり、かけたりして食べる。
それだけで、酒のつまみやおもてなしになったりもする。

# Part 3

## ホテルみたいな卵料理

できるだけシンプルに、

でも満足度の高いおいしさに仕上がる

とびきりのレシピ。

## スクランブルエッグ

材料（1人分）
卵　2個
生クリーム　大さじ2
バター　小さじ2＋小さじ1
塩　少々

1　卵に生クリーム、塩を混ぜておく。
2　片手鍋にバター小さじ2を入れ、溶けてきたところに1の卵液を入れ、ごく弱火でゴムべら、もしくは3～4組の菜ばしでたえずかき混ぜながら加熱する。
3　2がとろとろのうちに火を止め、ぬれぶきんの上にのせ、バター小さじ1を加え混ぜる。
4　器に盛り、きのこソースを添える。

## スクランブルに合う、きのこソース

材料（1人分）
生しいたけ　2個
マッシュルーム　6個
乾燥ポルチーニ　5g
玉ねぎ（みじん切り）　大さじ1
バター　大さじ1
塩、こしょう　各少々

1　ポルチーニは水50ccにつけてもどす。生しいたけ、マッシュルームはみじん切りにする。
2　フライパンにバターを熱し、玉ねぎを炒める。しんなりしたら、1のきのこを入れ、塩、こしょうをして炒める。ポルチーニのもどし汁を加えて煮詰める。
*　濃厚なきのこの風味のソースで、トリュフのオムレツにも負けない（？）と評判。ポルチーニは手に入らなければ、入れずにつくっても問題なし。パスタ、肉料理のソースとしても、パンにのせてもおいしい。

ぬれぶきんに
のせて混ぜる

ワタシの自由研究

テーマ：
理想は卵とろとろ、
でも卵液は流れ出ない状態が良いんだけど……

結論：
「弱火で卵をとろとろにしたら、
火を止めてしまって、
さらに混ぜる。」

そのわけ：
卵は余熱でだって火は入ってしまうから、見た目、まだかなあ？ってくらいで火を止めないと、あっという間にかたくなってしまう。1度や2度の失敗はご愛嬌と思って、大胆かつ繊細にタイミングをつかんでみよう。使う火や道具でタイミングは違うから教則本通りにいかないのは当たり前なのだ。

パリの料理学校では、
湯せんにかける作り方を習った。
タイミングさえ押さえれば、
直火だってノープロブレムの
フランス風とろとろスクランブルエッグ。

## ポーチドエッグ

材料（4個分）
卵　4個（新鮮なものを使うこと）
水　4カップ
酢　大さじ2～3

1　鍋に湯を沸かし、酢をたっぷりと加える。
2　表面がゆらゆらする程度の火加減にする。湯をぐるぐるとかき混ぜる。
3　器に割り入れた卵を2にそっと落とし、落とした瞬間に火を強める。
4　浮き上がったらすぐに弱火にして、2～3分好みのかたさにゆで、冷水にとる。冷めたら、キッチンペーパーの上にとり、水けを拭く。
＊　白身の尾っぽのようなものができるけど、これは裏側。ひっくり返せば表面はツルっときれいに仕上がっている。

湯をかきまわす

卵が浮いたら弱火に

ワタシの自由研究

テーマ：
失敗しないコツは？

結論：
「卵を入れた瞬間だけ強火にする」

そのわけ：
たいていの教則本には「表面がゆれる程度の火加減で」と書いてあるが、最初から最後までそれだと卵が鍋底にペタッとはりつきやすい。卵を入れた瞬間だけ強火にすると卵が浮きやすくなる。

## マヨネーズ

材料（作りやすい分量）
卵黄　1個分
マスタード　小さじ1
油（グレープシード油、コーン油、サフラワー油、
　ピュアオリーブ油など）　1/2カップ弱
ワインヴィネガー　大さじ1と1/2
塩、こしょう　各少々

1　ボウルに卵黄とマスタードを入れてすり混ぜる。油大さじ1程度を加えてしっかりと泡立てる。ここのところで、しっかりと泡立てることが大切。
2　もう大さじ1杯油を加え、もったりとするまで泡立てたら、もうできたも同然。残りの油を3回程度に分けて加え混ぜていく。
3　マヨネーズ状になったら、ワインヴィネガー、塩、こしょうを加える。
＊　器に塩ゆでした野菜を並べ、ポーチドエッグをのせ、マヨネーズ、あればフルール・ド・セル（自然塩）を散らす。

じつはポーチドエッグはとても簡単。
たっぷりの酢を入れる大原則さえ守れば、
何もしなくたって、ひとりでに
きれいな形にまとまってくれる。

# ウッフベネディクト

材料（2個分）
イングリッシュマフィン　2個
ロースハム　2枚
ポーチドエッグ　2個（36ページ参照）
バター　適量

{オランデーズソース}
卵黄　1個分
ワインヴィネガー　大さじ1
水　大さじ2
無塩バター　80g
塩　小さじ1/3

1　イングリッシュマフィンを半分に切り、軽くトーストして、バターを塗る。
2　ポーチドエッグを作る。
3　オランデーズソースの材料のバターは湯せんにかけて溶かす。
4　ステンレスの鍋、またはボウルにワインヴィネガーと水を入れて火にかけ、水分が半量になるまで煮立てる。粗熱をとり、卵黄を加えて混ぜる。
5　4を湯せんにかけたり、はずしたりして、60℃程度に保ちながら、白っぽくなるまで混ぜる。けっこう大変なので、ハンドミキサーを使ってもよい。
6　3を5に少しずつ加え、ゆるいマヨネーズ状態になるまで泡立てる。塩を加える。
7　イングリッシュマフィンにハム、ポーチドエッグをのせ、6をかける。
＊　オランデーズソースを作る時間がなければ、市販のマヨネーズでもいいが……。

ポーチドエッグにオランデーズソースを
たっぷりかけた、ぜいたく朝ごはんメニュー。
シャンパンブランチしたくなる。

# 卵1個のスフレ

材料（1個分）
卵　1個
バター　小さじ2
塩　または　砂糖　少々

1　卵を卵黄と卵白に分ける。
2　卵黄は溶きほぐしておく。
3　卵白には塩、または砂糖をひとつまみ入れてしっかりと角が立つまで泡立てる。
4　2の卵黄に3の卵白を加えて、ゴムべらでさっくり混ぜる。
5　あらかじめ温めたフライパンで、中火でバターを熱し、溶けてきたところで、4を入れて、泡をつぶさないように、ゴムべらでのばす。
6　5の火を弱火にして、ゆっくりと火をとおす。表面が乾いてきたらフライ返しで半分に折る。
＊　皿に右記のトマトソース、またはいちじくソテーを盛り、6をのせる。

## いちじくソテー

材料（作りやすい分量）
いちじく2個
バター　大さじ1
グラニュー糖　小さじ1

1. いちじくは皮つきのまま6～8等分のくし形に切る。
2. フライパンにバターとグラニュー糖を入れて中弱火で熱し、キャラメル色になってきたら、1を加えてほどよくソテーする。

## トマトソース

材料（作りやすい分量）
玉ねぎ　1/6個
にんにく　1かけ
トマト水煮缶　1缶
オリーブ油　大さじ2
塩、こしょう　各少々

1　玉ねぎはみじん切りにする。にんにくは半分に切って芽をとってつぶす。
2　フライパンにオリーブ油、にんにくを入れて熱し、よい香りがしてきたら、玉ねぎを入れてしんなりするまで炒める。トマト水煮缶を入れて、塩、こしょうを加えて半量になるまで煮詰める。

卵白1個分の泡立てなら、
作るのになんの気合いもいらない。
レストランでは食べられない、
特別なオムレツ。

# チーズオムレツ

材料（1人分）
卵　3個
ナチュラルチーズ（コンテ、エメンタールなど）30g
バター　大さじ1
塩　少々
フレッシュハーブ
（ディル、セルフィーユ、イタリアンパセリ）　適宜
塩（フルール・ド・セル）、こしょう　各少々

1　卵をときほぐす。フォーク、または菜ばしで卵のこしが残る程度に卵白をきってかき混ぜる。塩少々を加える。こしょうは入れない。
2　直径20cm程度のフライパンにバターを熱す。火加減は強めの中火。
3　2のバターが溶けた後、ふわっと立った泡が消え、パチパチいわなくなった瞬間（ブールノワゼットという香ばしいバターになった瞬間）に卵を加えて、ゴムべら、または菜ばしでかき混ぜて半熟にする。チーズを中央にのせる。
4　強めの火のまま5〜8秒ほど焼いて、表面は半熟の状態をキープし、卵に薄く焼き色をつける。両サイドから中央に折り曲げたら、逆手でフライパンを持ち、皿の上にひっくり返す。
5　4に刻んだハーブ、好みで塩（フルール・ド・セル）、こしょうを散らす。

ワタシのおいしいこだわり
＊チーズはコンテを強くおすすめしたい。もちろん、エメンタール、グリュイエールもいいけれど。何種類か取り混ぜるのもいい。
＊卵に合うハーブの代表格は、セルフィーユ、シブレット、イタリアンパセリ、エストラゴン。この4種類を取り合わせたものをフィーヌゼルブ、繊細なハーブという。フランスではフィーヌゼルブのオムレツというのは定番。オゼイユというすっぱい葉を刻み入れたオムレツもとてもおいしい。なじみのないハーブのようだけれど、すかんぽともいい、じつは、日本でもいろんなところに生えているハーブ。

プレーンオムレツをマスターしたら、
次に作ってみたいのが、
半熟の卵と溶けたチーズが絡みあうオムレツ。
オムレツって、やっぱりごちそう！

## 塩味フレンチトースト

材料（2人分）
バゲット　6切れ
卵　2個
牛乳　120cc
パルミジャーノチーズ　大さじ2
塩　少々
バター　大さじ1
粗びき黒こしょう

1　卵、牛乳をよく溶き混ぜる。塩、チーズを加える。
2　バゲットを1に5分ほど浸す。
3　フライパンにバターを加え、2を弱火でじっくり両面焼く。粗挽き黒こしょうをふる。

ワタシの自由研究

テーマ1：
卵液に浸す時間のベストは？

結論：
「2cmほどの厚さなら5分でいい」

そのわけ：
湿気の多い日本ではパンはカチカチになることなんてないし、むしろ、ふにゃふにゃになるだけなのだから。パンが厚めの場合には少しだけ長めに。

テーマ2：
焼き加減のポイントは？

結論：
「ひたすら弱火でゆっくり」

そのわけ：
しっかり染ませた卵液が生焼け、というのが一番がっかりすること。ちょっとのんびり、こんがりするまで焼き上げよう。

大好きなフレンチトースト。
でも、いつだって甘いとは限らない。
砂糖を加えずに塩とチーズで味を決める。
やっぱりまた、ワインに合う料理に
なってしまった。

# ウッフココット

材料（ココット4個分）
卵　4個

## 生ハムのココット

生ハム　4枚
オリーブ油、塩、こしょう　各適宜

1　ココットの内側にオリーブ油を塗る。生ハムを敷き、卵を割り入れる。はみ出た生ハムでふたをする。小さめの生ハムの場合は2枚使うとよい。生ハムが焼けすぎないようにアルミホイルでふたをして200℃のオーブンで8～10分焼く。
2　1をオーブンから取り出して、オリーブ油をまわしかける。

## トマトソースのココット

プチトマト　1パック　12個
オリーブ油　大さじ1
塩、こしょう　各少々

1　プチトマトは横半分に切る。フライパン、または鍋にオリーブ油を熱し、プチトマトを入れて塩、こしょうをしてふたをしてトマトがつぶれてとろっとするくらいまで煮る。
2　ココットに1の半量を入れて、中央をくぼませて卵を割り入れる。あらかじめ温めておいた200℃のオーブンで7～8分、またはオーブントースターで焼く。

火のとおった生ハム、
酸味のきいたプチトマトのソースが
半熟卵と好相性。
ウッフココットは、器に取り出したら、
黄味にナイフを入れるのが、
ワタシのひそやかな楽しみ。ウフフ。

生ハムのココット

トマトソースのココット

# パリの卵

パリの卵料理といって真っ先に思い出すのは、トリュフのオムレツでもなく、カフェのチーズオムレツでもない。

ビストロの定番前菜、ウッフマヨネーズだ。

訳してみれば、卵マヨネーズ。その名前のまんまに、かたゆで卵にマヨネーズをかけただけのもの。サンドイッチの卵サラダのように、卵が刻んであるなんてこともなく、たいていは丸ごとのまんまのゆで卵にマヨネーズがかかっている、ただそれだけのものだ。そしてなぜだか、半熟ということは決してなく、むしろゆですぎて、卵の黄身がちょっと緑がかっているくらいのかたゆでなのだ。

フランス人、このウッフマヨネーズが結構好きみたいで、安ビストロの前菜メニューなどでよく見かける。たまに、何かアレンジされた別物が出てくるのではないかと思い、頼んでみることもあったけれど、その期待はことごとく裏切られた。

5区にあるよく通っていた安い定食屋にも、もちろん、このウッフマヨネーズがメニューにのっている。そのほかの前菜はレンズ豆のサラダ、砂肝のコンフィのサラダ、パテ・ド・カンパーニュなど、王道中の王道のメニューだった。

隣の席ではベレー帽をかぶったおじいちゃんが、ウッフマヨネーズを注文する。運ばれてきた白い皿にはゆで卵、そしてマヨネーズがたっぷりとかかっている。ただ、それだけ、そして、ゆで卵の数は3つ。

このムッシュー、昼食は毎日ここで、と決めているそうなのだけれど、前菜は必ずウッフマヨネーズなんだとか。

コレステロール……。

出てきそうになった言葉をあわててのみ込んだ。

# Part 4

# ごちそう卵

懐かしいごちそう、ほっとするごちそう、

今どきのごちそう、思いのままに。

## ガレット

材料（6枚分）
そば粉　150g
水　300cc
溶き卵　1個分
塩　少々
バター　適宜

{具}（2枚分）
卵　2個
ピザ用チーズ　40g
ハム　2枚
粗びきこしょう　少々

1　ボウルにそば粉、塩、水の半量を入れて木べらでよく練る。1時間以上、できれば1晩休ませる。
2　1に溶き卵と残りの水を混ぜ合わせたものを加え混ぜてなめらかにする。
3　フライパンにバターを熱し、キッチンペーパーなどでふいたあと、中強火にして2をお玉1杯分程度を入れてのばす。火を中火にする。
4　3の表面が乾きはじめたら、中央に卵を割り入れて、白身をのばし、チーズ、4等分に切ったハムを周囲にのせ、ふちがカリッとしてきたら、四方を折りたたみ、弱火で卵に火がとおるまで熱す。仕上げに粗びきこしょうをかける。

そば粉のクレープにハムとチーズ、
そして卵とくれば、ウン、完璧。
その名もガレット・コンプレ、
完璧なガレットという名がついている。
足りないのはシードルくらい？

# スパニッシュオムレツ

材料（直径22cmのフライパン1個分）
じゃがいも　2個
玉ねぎ　1/2個
卵　5個
塩　小さじ2/3
こしょう　少々
オリーブ油　大さじ3〜4

1　じゃがいもは3mm厚さくらいにスライスする。水に5分さらしたあと、水けをよく拭きとる。玉ねぎは薄切りにする。
2　ボウルに卵を溶きほぐし、塩小さじ1/3を加え混ぜておく。
3　フライパンにオリーブ油大さじ1強を熱し、1、塩小さじ1/3、こしょうを加えて炒める。じゃがいもに竹ぐしが通るくらいまで炒める。
4　熱々に炒めた3を2のボウルに加え混ぜる。卵に火が少しとおるくらいになる。
5　フライパンを一度きれいに洗い、残りのオリーブ油を加えて強火にし、4を加えて、ざっと混ぜる。ふたをして、火を弱め5〜6分、8割がた火をとおす。
6　5のフライパンにふたか皿などをかぶせて、ひっくり返す。すべらせるようにしてフライパンに戻し入れ、オリーブ油を鍋肌から少々加えて、さらに2〜3分焼き、竹ぐしを刺して、火がとおっているかをチェック。卵にしっかりと火をとおす。

半熟だったら、できそこない。
しっかりと中まで火をとおし、
濃いめの焼き色がついてこそ、
スパニッシュオムレツと名乗れる。
小さめのフライパンで厚めに仕上げよう。

## フリッタータサンド

材料（2個分）
玉ねぎ　1/2個
卵　2個
パルミジャーノチーズ　大さじ3（すりおろす）
オリーブ油　大さじ2〜3
塩、こしょう　各少々
フォカッチャ　2個

1　フォカッチャは横半分に切る。
2　玉ねぎを薄切りにする。フライパンにオリーブ油大さじ1を熱し、弱火でしんなりするまで炒める。
3　卵をボウルに溶きほぐし、2、チーズを加えて、塩、こしょうをする。
4　フライパンにオリーブ油大さじ1を熱し、3を入れる。強火にかけ、かき混ぜながら全体をなじませたら、火を弱める。
5　4の表面が固まったら、ひっくり返し、残りのオリーブ油を鍋肌から加えて両面こんがりと焼く。中までしっかりと火をとおす。
6　5を適宜に切り、1にはさむ。

ワタシの自由研究

テーマ：
フリッタータのおいしさは
表面はこんがり、中はふんわりだけど。

結論：
**「片面が焼けたらひっくり返して、
再度、オリーブ油を
鍋肌から加えて焼く」**

そのわけ：
けっして油っぽくなんてならないから安心して入れてください。油は使い方さえ間違わなければ、食感も風味もむしろ高まるのだ。

イタリア風のオムレツ、フリッタータ。
オリーブ油でこんがりと焼き、
しっかり中まで火をとおすのがコツ。
オムレツは半熟とは限らない。

## 卵のアミューズ

材料（2人分）
卵黄　2個分
サワークリーム　大さじ2
牛乳　大さじ1
メープルシロップ　小さじ1 ½
塩　少々

1　ボウルにサワークリーム、牛乳、メープルシロップを入れて、泡立てる。
2　エッグスタンドのような小さな器に1の半量を入れ、上から卵黄を入れる。残りの1をのせる。
3　60℃に温めた湯に、2を器ごと入れて5分温める。
4　塩（できればフルール・ド・セル）を2粒ほどのせてテーブルへ。

60℃の湯に5分

ワタシの自由研究

テーマ：
高価なブランド卵のほうがおいしくできる？

結論：
「濃厚さと値段は正比例しないが、
この場合は奮発してもいいかも」

そのわけ：
1パック200円くらいのものから1個500円くらいするものまで、いろんな卵を試してみた。高いものほど、濃厚なのかと思いがちだけれど、意外と高級卵はすっきりさらりとした味わいのものが多い。くせがなく、ピュアな味わいだ。そういえば、牛乳もそうだ。個人的には、卵かけごはん、ポーチドエッグ、このアミューズのような、卵黄を生に近い状態で食べるときには、ちょっと奮発した卵を使うこともあるけれど、しっかりと火を通してしまうオムレツのような卵料理だと、それほどの違いはないようだ。

パリで出合った卵料理を、見よう見まねで。
60℃でゆっくりと温めた卵黄に
メープルシロップの香りがふわっと合わさって。

# ピペラド

材料（2人分）
パプリカ（赤、オレンジなど）　1個
トマト　2個
玉ねぎ　1/4個
にんにく　1かけ
赤唐がらし　1本
塩　小さじ1/2
オリーブ油　大さじ2
卵　4個
生ハム　適宜
赤唐がらし（あれば、バスク産の赤唐がらし「エスペレット」でぜひためしてみて）　少々

1　パプリカは半分の長さにし、7mmくらいの幅に切る。トマトは湯むきし、ざく切りにする。玉ねぎは薄切り、にんにくは半分に切り、芽を取ってつぶす。唐がらしは半分に切り、種を取り出す。
2　フライパンにオリーブ油とにんにく、唐がらしを入れて熱し、薄く色づいてきたら、1のパプリカを入れてしんなりとするまで炒める。1のトマトを加え、塩をし、ふたをして弱火で15分煮る。
3　卵は割りほぐして、軽く塩をし、2に加えてまんべんなくかき混ぜる。弱火で、全体が混ざり、半熟状のところで火を止める。
4　器に生ハムとともに3を盛り合わせる。赤唐がらしをふる。
＊　ピペラドだけでももちろんいいけど、生ハムと一緒に食べると、また違った味わいが楽しめる。冷えても美味。

卵を加えたらまんべんなくかき混ぜる

パプリカのトマト煮に
卵を加えてとろりと火をとおす、
バスク地方の料理。
見た目は濃厚そうな感じだけど、
食べると優しい味に驚く。

# 卵焼きサンド

材料（2人分）
卵　2個
食パン（8枚切り）　2枚
バター　適宜
マスタード、マヨネーズ　各小さじ1/2
サラダ油　小さじ2
塩　少々

1　食パンはきつね色にトーストする。
2　卵は溶きほぐし、塩を加え混ぜる。
3　小さめのフライパン、または卵焼き器にサラダ油を熱し、2の卵を加えて両面焼く。
＊　卵焼きをフライパンで焼いた場合は四角く切り、切り取った部分を内側にして厚みをだす。
4　1のパン1枚にはバターを薄く塗り、もう1枚にはマスタードとマヨネーズを混ぜたものを塗り、3をサンドする。

少しだけ厚めの卵焼きを
こんがり焼いたパンにはさむ。
なぜだか、レタスやきゅうりは似合わない。
マスタードが効いた味がよく似合う。

# カルボナーラ

材料（2人分）
スパゲティ　160g
パンチェッタ（なければベーコンのかたまり）　50g
卵　2個
ペコリーノチーズ、パルミジャーノチーズ
（あわせて、またはどちらかを）　大さじ4
塩、粗びき黒こしょう　各少々

1　パンチェッタは7mmくらいの幅に切る。
2　パスタは塩を加えたたっぷりの湯でゆでる。
3　油をひかないフライパンでパンチェッタを、弱火でこんがりとするまで炒める。
4　大きめのボウルに卵を溶きほぐす。チーズ、塩少々を加え、湯せんでよく混ぜておく。
5　2のパスタをゆでている鍋の上に4のボウルをかざし（底を湯につけると煮えてしまうので、離しておく）、温めておく。
6　ゆであがったパスタと3を5に加え、よく混ぜる。このとき、卵がゆるいようならボウルを弱火にかけて少し加熱する。
7　塩で味を調え、器に盛り、粗びき黒こしょうをふる。
＊　たいがいの料理には白こしょうを使うが、カルボナーラだけは、黒こしょうを使わなくてはいけない。

湯せんのボウルの底は湯につけないように

いつの頃からか、生クリーム入りのカルボナーラが
うれしいものではなくなってしまった。
カルボナーラの主役は卵。
卵のパスタ！ というカルボナーラが今、食べたい。

# タプナード卵

## タプナード

材料（作りやすい分量）
黒オリーブ　20粒
アンチョビ　2枚
ケーパー　小さじ1/2
にんにく　1/2個
オリーブ油　大さじ4
こしょう　少々

黒オリーブは種を取り除き、そのほかの材料となめらかになるまでミキサーにかける。1ヵ月程度なら保存も可能。

## タプナードと卵のサラダ

材料（作りやすい分量）
かたゆで卵　3個
マヨネーズ　大さじ2
タプナード　大さじ1
パセリ（みじん切り）　大さじ1

かたゆで卵は粗みじん切りにし、そのほかの材料を加えて混ぜる。

## タプナードと卵のファルシ

材料（作りやすい分量）
かたゆで卵　3個
マヨネーズ　大さじ1
タプナード　大さじ1/2

ゆで卵を半分に切り、黄身を取り出し、マヨネーズ、タプナードと合わせて混ぜ、白身のカップに戻し入れる。

南仏生まれの常備菜タプナード。
パンに塗ったり、いろんな料理に使うけど、
なにより、卵との相性が抜群。
サラダにファルシに、
サンドイッチにと大活躍。

タプナードと卵のサラダ

タプナードと卵のファルシ

# キッシュ

## タルト生地

材料（20cmタルト型1台分）
薄力粉　90g
強力粉　30g
無塩バター　60g
卵黄　1個分
水　20cc
塩、砂糖　各小さじ1/2

1　フードプロセッサーに小麦粉、2cm角に切ったバターを入れ、そぼろ状になるまでまわす。

2　卵黄1/2個分、水、塩、砂糖を合わせた卵液を1に少しずつ入れ、スイッチを入れたり、切ったりしながらさらにまわす。一まとまりになったら、こねすぎないようにすぐに止める。ラップに包み、冷蔵庫で2時間以上、できれば1晩休ませる。

＊　2倍量くらいが作りやすく、使いやすい。残った生地は冷凍保存可能

3　打ち粉をした台で2の生地をのばし、薄くバター（分量外）を塗った型に敷きこむ。余分な生地を落とし、フォークで穴をあける。

4　生地の上にクッキングシートを敷き、重石（パイ生地用の重石以外には豆などでも）をのせ、あらかじめ温めておいた200℃のオーブンで15分焼く。

5　4をオーブンから取り出し、表面に残った卵黄1/2個分をはけで塗り、200℃でさらに3分焼く。

## キッシュの具

材料（20cmタルト型1台分）
玉ねぎ　1個
ベーコン（かたまり）　100g
卵　2個
生クリーム　100cc
塩、こしょう、ナツメグ
　各少々
エメンタールチーズ　80g
タイム　3～4枝
オリーブ油　大さじ1

1　玉ねぎは5mm幅に切る。ベーコンは太めの棒状に切る。油をひかないフライパンでベーコンを炒め、脂が出てきたら、玉ねぎを加えてしんなりするまで炒め、取り出す。

2　ボウルに卵、生クリーム、塩、こしょう、ナツメグを合わせて混ぜる。

3　焼いたタルト生地の上に1とおろしたチーズのせて、2を流し入れ、あらかじめ200℃に温めておいたオーブンで約30分焼く。

＊　タルト生地で余った卵黄を焼き上がった生地に塗り、もう一度さっと焼いてから、卵液を注ぐ。こうすることで、時間が経ってもさくさくの生地に。タルト生地に亀裂が入っていると、卵液がそこから流れてしまうことがあるが、この亀裂も卵黄を塗って補修する。

表面はちょっと焼きすぎちゃったくらいのこんがり。
卵黄使いのテクニックをプラスすると、ちゃんと決まる。

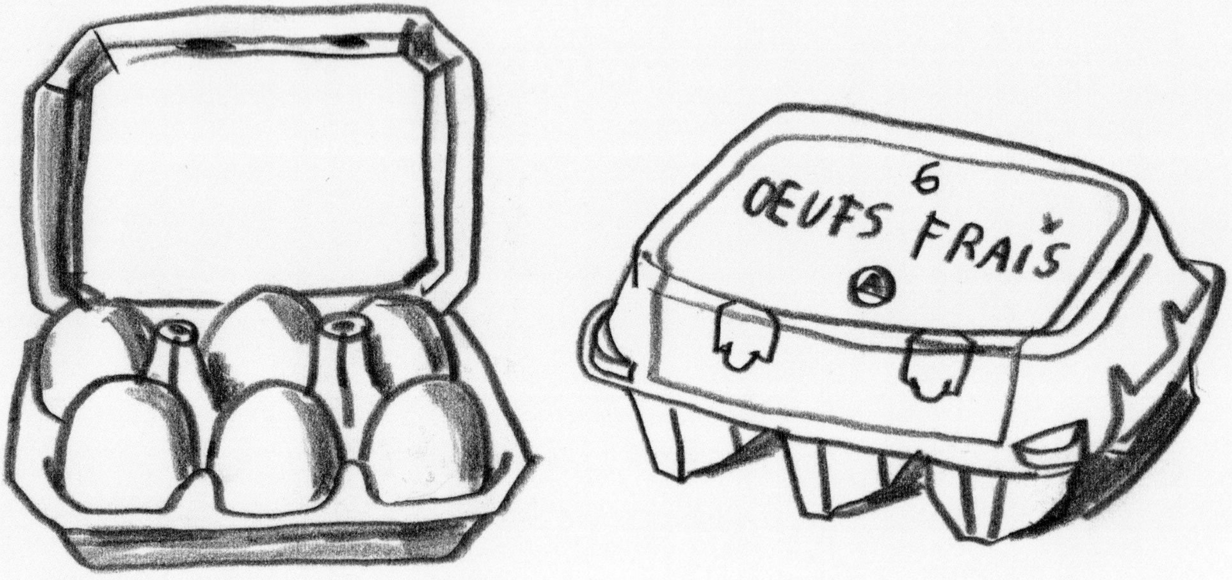


BOÎTE DE 6 ŒUFS

# Part 5

## やっぱりはずせないプリン

プリンはカスタードプリンにはじまり、

カスタードプリンに終わると思う。

# カスタードプリン

材料（6個分）
卵　2個
卵黄　1個分
牛乳　300cc
砂糖　55g
バニラビーンズ　1/2本

{キャラメルソース}
砂糖（あればグラニュー糖）　60g
水　大さじ1＋大さじ2

1　プリン型の内側の側面に薄くバター（分量外）を塗っておく。
2　キャラメルソースを作る。小鍋に砂糖と水大さじ1を入れて中火にかける。かき混ぜずに、ときどきゆすりながら、濃いキャラメル色になるまで熱する。
3　火を止め、水大さじ2を加え混ぜて、なめらかにする。1の型に流し入れる。
4　ボウルに卵、卵黄を溶きほぐし、砂糖を入れてすり混ぜておく。
5　小鍋に牛乳を入れる。バニラビーンズはさやに切り目を入れ、ナイフの先などで種子をこそげ出し、バニラの種子、さやを鍋に入れて中火にかけ、フツフツしてきたら火を止める。
6　5を一度こして、1のプリン型に3回に分けて加え、静かに混ぜる。
7　天パンに湯をはり、6のプリン型を並べる。あらかじめ150℃に温めておいたオーブンで30～35分焼く。

生地はしっかりした
ちょっとかためのカスタード。
生クリームはもちろん入れない。
これが永遠に好きな味。

# 卵白プリン

材料（小さなカフェオレボウル3個分）
卵白　35g（Lサイズの卵白1個分）
牛乳　250cc
コンデンスミルク　50g
はちみつ　大さじ1/2
白桃（薄切り）　適宜

{はちみつソース}
はちみつ　大さじ2
水　大さじ4
しょうがの絞り汁　小さじ1

1　ボウルに卵白、コンデンスミルク、はちみつを入れ、混ぜ合わせておく。
2　牛乳を沸騰直前まで温め、1に3回に分けて加え混ぜる。
3　カフェオレボウルに2を流し入れ、アルミホイルでふたをする。
4　湯をはった天パンにのせ、あらかじめ160℃に温めておいたオーブンで40分焼く。
5　ボウルにはちみつソースの材料を混ぜ合わせる。
6　4を冷たく冷やし5のソースをかけ、桃を添えて食べる。

どこかアジアンな雰囲気が漂う
ホワイトプリン。
ツルンとした独特のなめらかさは
卵白生まれだからこそ、なせる味。

## 卵黄プリン

材料（6個分）
卵黄　4個分
砂糖　60g
牛乳　400cc
バニラビーンズ　1本

1　ボウルに溶きほぐした卵黄に砂糖を加え混ぜる。
2　鍋に牛乳を入れる。バニラビーンズのさやに切り目を入れて種子をこそげ出し、さやとともに鍋に入れて火にかける。フツフツしてきたら火を止める。
3　2を3回に分けて1に加え混ぜ、器に流し入れる。
4　湯をはった天パンに3をのせて、あらかじめ160℃に温めておいたオーブンで、40分焼く。

濃厚という言葉では、片づけたくない。
卵黄だけで作った、どこか懐かしい味。
シンプルな割合だからこそできあがる
不動のおいしさ。

# Part 6

## おかずの卵

一杯飲みながらだったり、

ごはんの友だったり。

# だし巻き卵と厚焼き卵

## だし巻き卵

材料（1本分）
卵　3個
だし　大さじ5
片栗粉　小さじ1
塩　小さじ1/4
しょうゆ　小さじ1/2
砂糖　小さじ1
サラダ油　適宜

1　ボウルにだし、調味料、片栗粉を加えて溶かす。卵を割り入れて、切るようにして混ぜる。菜ばしの先をボウルの底にあてながら混ぜると泡立たない。白身は菜ばしでつまんで切るようにする。
2　卵焼き器にサラダ油を熱し、キッチンペーパーで余分な油を拭く。
3　1の1/3量を2に流し入れ、中強火にする。菜ばしでかき混ぜ、半熟になったら、手前に三つ折りにする。
4　3の卵を奥に移す。油を薄く塗り、再び1の卵液の1/3量を流し入れる。焼いた卵の下にも流す。手前に三つ折する。
＊　はしでできれば料理人風だけれど、フライ返しを使えば簡単。
5　油をあいたところに薄く塗り、残りの卵液を流し入れる。焼いた卵の下にも流す。手前に三つ折りにする。
＊　熱々を食べるならよいけれど、たっぷりのだしは時間が経つと流れ出す。片栗粉を入れるのは作りやすくするためと、冷めてもだしを流れにくくするための二つの目的。

## 厚焼き卵

材料（1本分）
卵　3個
砂糖　大さじ1（甘いのが好みなら20gくらいでも）
しょうゆ　小さじ1
塩　小さじ1/4

卵と調味料を溶きほぐし、だし巻き卵と同じ要領で焼く。だしが入っていないので、こちらは簡単に作れる。

卵液は3回に分けて

たっぷりのだしを加えた、甘みを抑えた卵焼き(左)は、
一杯飲みながら食べるのが、似合いそう。
これさえできればいいような気もするが、そうはいかない。
関東風の甘じょっぱい卵焼き(右)も、これがなかなか。

## だし巻き卵には、おいしい“数式”がある!?

結論から言うと、だし巻き卵は、だしが多いほうがだんぜんおいしい。
でも、だしが多ければ多いほど、作るのはむずかしくなる。
そんなこともあって、よくみかけるレシピは、かなりだしが少なめだ。

で、ワタシは、いろいろな配合をためしてみた結果、
3個の卵に75cc（大さじ5杯）のだしの配合が、
修業（？）しなくても、ちょっと練習すればできる
ベストバランスだと思う。
それがむずかしければ、
少なめの配合から始めて、徐々にだしの分量を増やしていくと良いかも。

うまくできたら、だしをさらに多くして、
最後は卵3個にだし100cc（1/2カップ）くらいまで増やして、
だしがタプタプいうくらいの卵焼きに挑戦してみてほしい。
これが、酒のつまみにも、ごはんのおかずにも、すご〜くおいしい！

# 3：45

初心者はまず、
卵3個に
だし45cc（大さじ3）

# 3：75

ワタシのベストバランスは、
卵3個に
だし75cc（大さじ5）

# 3：100

うまく作れるようになったら、
卵3個に
だし100cc（1/2カップ）

## 茶碗蒸し

材料（大きめの茶碗蒸し2個分）
卵　2個
だし（昆布とかつお節）　1 ½カップ
塩　小さじ1/4
しょうゆ　小さじ1
みりん　小さじ1
うに　大さじ4

1　ボウルに卵を溶きほぐし、だし、塩、しょうゆ、みりんを加え混ぜ、一度こす。

2　飾り用うにを適宜とっておき、残りのうにを器に入れ、1を注ぎ入れる。

3　蒸気の立った蒸し器に2を入れ、ふたを少しずらして15分ほど蒸す。

＊　蒸籠《せいろう》ではない蒸し器の場合、水滴がたれないように、ふたをふきんで包むといい。少しふたをずらすのは、温度が上がりすぎるのを防ぐため。温度が高すぎると、茶碗蒸しの天敵、すが入る。

＊　野菜ならば、何をおいてもゆり根をあげたい。そら豆もまずまず。変わり種では、梅干し入りもさっぱりして、合わせる食事によっては悪くない。

ワタシの自由研究

テーマ1：
簡単な蒸し方ってないの？

結論：
「オーブンで蒸せば火加減いらず」

そのわけ：
プリンを作るのと同じ。天パンに湯をはり、150℃で30分加熱する。それだけでノープロブレム。

テーマ2：
器は？

結論：
「薄手の磁器がいい」

そのわけ：
熱が素早く伝わり、蒸し器から出した後に余分な熱が入る心配もない。

なめらかな口あたりの茶碗蒸しは、
なんといってもその生地が主役。
具は一つくらいにしぼってみたらどうだろう。

# 親子どんぶり

材料（1人分）
鶏肉　50g
玉ねぎ　1/2個
卵　2個
だし　50cc
みりん、酒、しょうゆ　各大さじ1
砂糖　小さじ1
ごはん　どんぶり1杯分
三つ葉　適宜
山椒　適宜

1　鶏肉は小さめの一口大に切る。玉ねぎは繊維を断ち切るように5mm厚さに切る。
2　卵は1個ずつ別々の容器に割り入れ、それぞれざっくりと白身をあまり切らずに溶きほぐしておく。
3　小さめのフライパンにだし、みりん、酒、しょうゆ、砂糖を入れて煮立て、1の鶏肉を加える。鶏肉に火がほぼ入ったところで、玉ねぎを加えて1分30秒ほど弱火で煮る。
4　3を強めの中火にし、2の卵1個分を内側から外側へとまわし入れる。底に卵がつかないように、フライパンをゆする。
5　もう1個分の卵を4に、内側から外側へと入れ、半熟になったら、火を止め、三つ葉の軸をのせる。ごはんを盛ったどんぶりに三つ葉をのせる。好みで山椒をふる。
＊　火の弱い内側から、火の強い外側に流し入れるようにする。まず、1回目の卵投入ではほどよく火をとおし、2回目は好みの加減で。生っぽい部分もこれなら簡単に作ることができる。

お店の味に負けない親子どんぶりを作ろう。
卵料理の最難関。
それでも、二度入れ卵のコツさえ
知ってしまえば、もう、むずかしくない。

## 卵チャーハン

材料（1人分）
卵1個
ごはん　茶碗に大盛り1杯分（200g）
長ねぎ　8cm
油　大さじ2〜3（太白ごま油、サラダ油などがおすすめ）
塩　小さじ1/3
こしょう　少々
酒　大さじ1/2
しょうゆ　少々

1　ボウルに卵を溶きほぐし、塩少々を加え混ぜる。
2　フライパンに油を入れて熱し、1の卵を入れたら、すぐその上にごはんを加えて手早く混ぜる。塩、こしょうをして炒める。
3　2がパラリとしたら、粗めのみじん切りにした長ねぎ、酒を加えて炒める。フライパンの鍋肌にしょうゆ少々を加える。
＊　家庭の火力でなら「あおり」はあまり必要ない。何度もしていると、火から離れてしまう結果にも。あまりいじらずに、混ぜ合わせられるのがメリットだけれど、がんばりすぎずに。

ワタシの自由研究

テーマ1：
パラッとしたチャーハンを作るポイントは？

結論：
「ごはんの量を
ごはん茶碗大盛り1杯ぐらいに」

そのわけ：
家庭でのチャーハンづくりを成功させるために、一番大事なことは、火力でも、スピードでもなく、ごはんを入れる分量。たくさんの量を入れてしまうと、ごはんをほぐしにくく、いじりすぎてしまいがち。フライパンや中華鍋の中をごはんがゆったり泳ぐくらいが、ちょうどいい。

テーマ2：
パラッとなるお米は？

結論：
「ぜひ、おすすめしたいのは、
ジャスミンライス」。

そのわけ：
タイなどで作られている長粒種の香り米。ちょっとポップコーンのような香りで、甘くて粘りがない。炊きたてをそのまま食べるのもおいしいが、チャーハンには最高の品種。ずっと以前の、米不足のときに輸入されていたタイ米とは別物の高級品種。白米で作るのなら、ややかために炊いたもの。熱々ではパラリとしないし、冷たいとほぐしにくいので、人肌程度がおすすめ。玄米ごはんもパラッとチャーハンに好相性。

シンプルなほどおいしいチャーハンは、だからこそ、むずかしい。
スクランブル入りチャーハンではなく、卵とごはんが一体化した、
パラッとチャーハンを作ってみよう。

# 揚げ卵のせナンプラーカレー

材料（4人分）
合いびき肉　300g
玉ねぎ　1/2個
セロリ、にんじん　各1/3本
にんにく　2かけ
しょうが　1かけ
しし唐　1パック（12本）
サラダ油　大さじ2＋大さじ3〜4
クミンシード　小さじ1
カレー粉　大さじ2
ガラムマサラ　小さじ2
ケチャップ　大さじ1
ナンプラー　大さじ2
鶏がらスープの素　小さじ1
水　2カップ
香菜　1わ
塩、こしょう　各少々
卵　4個

1　玉ねぎ、にんにく、しょうが、セロリ、にんじんはみじん切り、しし唐はへた先を切る。
2　鍋にサラダ油大さじ2を熱して、ひき肉を固まりのまま入れてほぐさずに、強火で両面焼きつけて取り出しておく。
3　2の鍋に1のにんにくを入れて熱し、色づいてきたら、しょうが、クミンシードを入れて炒める。香りが立ったら、1の玉ねぎを入れてしんなりするまで炒める。セロリ、にんじんも加えて炒め、ひき肉を戻し入れて、ほぐしながら炒める。
4　カレー粉を3に入れ、炒めて香りを出したら、鶏がらスープ、水、ケチャップ、ナンプラーを加えて煮る。
5　4を水分がなくなるまで煮詰める。1のしし唐も加えてさらに10分煮る。仕上げにガラムマサラ、塩、こしょうで調味する。
6　小さめのフライパンに大さじ3〜4程度のサラダ油を入れて熱し、**器に割り入れた卵を入れて弱火にし、揚げる。**キッチンペーパーにのせて、油をきる。
7　ごはんに5のカレー、6の揚げた卵、適宜に切った香菜を盛りつける。

カレーには、なんたって卵。
刻んだゆで卵も、目玉焼きも、
ポーチドエッグもいい。
さて、今日は揚げ卵と決めたなら、
エスニック風味のカレーを合わせてみよう。

# 塩漬け卵のおかゆ

## 塩漬け卵

材料（10個分）
卵　10個
水1ℓ
塩　200g
八角　3個
花山椒　小さじ1
粒こしょう　小さじ1

1　湯を沸かし、塩、八角、花山椒、粒こしょうを加えて火を止める。
2　1が冷めたら殻ごと卵を入れて室温で30日置く。
3　できあがりは黄身だけねっとり固まっている状態になる。保存は塩水から出して冷蔵庫で。
4　3を水からゆで、沸騰したら12分間ゆでてかたゆで卵にする。

常温で30日置く

## 白がゆ

材料　（2人分）
米　1/2合
水　3カップ
塩　少々

1　米は洗ってザルにあげて、30分ほどおいておく。
2　鍋に水、米、塩を加えて弱火で20分炊く。
＊　かたゆでにした塩漬け卵を半分に割ったもの、香菜、ごま油などを添えて食べる。

中国や台湾、東南アジアで
作られている塩漬け卵。
家庭料理に保存食として、
調味料として欠かせない。
たしかに、時間はかかるけれど、
ただそれだけ。
一度作ってみても損はない。
作るとやみつきになるかも。

# 煮卵と煮豚

材料（4人分）
豚肩かたまり肉　800g
しょうが　1かけ
長ねぎの青い部分　1本分
酒　1/2カップ
しょうゆ　大さじ5
砂糖　大さじ3
みりん　大さじ3
にんにく、八角　各1かけ
サラダ油　少々

かたゆで卵＋半熟たまご（28ページ参照）
　合計3個（好みでセレクト）

1　フライパンに油少々を熱し、豚肉を各面焼きつける。
2　鍋に1の豚肉を入れ、ねぎ、しょうが、かぶるくらいのたっぷりの水を入れて、弱火で1時間ゆでる。
3　2の豚肉は取り出し、ゆで汁500mlだけ取り分けておく。
4　鍋に3の豚肉と取り分けておいたゆで汁、酒、しょうゆ、砂糖、みりん、にんにく、八角を加え、1時間～1時間半ほど弱火で煮込む。
5　4にかたゆで卵を入れて10分ほど、ときどき返しながら煮る。
6　半熟卵は、5の鍋の火を止めてから入れ、そのまま一昼夜おいて味を染ませる。
＊　煮汁と卵だけを取り分けて、ポリ袋に入れると少ない煮汁でもしっかり味がつけられる。

煮卵は味の染みたかたゆで卵が定番
と思っていたのだけれど、
世の中どうも、半熟煮卵が人気らしい。
どっちも作ってみるのも悪くない。

# 黄身のみそ漬けと温泉卵

## 黄身のみそ漬け

材料（作りやすい分量）
卵黄　4個分
みそ　大さじ8
酒、みりん　各大さじ3
砂糖　大さじ2～3

1　卵黄以外の材料をすべて混ぜ合わせ、保存容器に入れる。
2　1に卵の殻などを使ってくぼみをつける。
3　さらしやガーゼなどを2にのせ、卵黄をくぼみに入れ、密閉して2日ほどおく。

## 温泉卵

材料（作りやすい分量）
卵　4個
だし汁　1/4カップ
しょうゆ　小さじ2
みりん　小さじ2

1　厚手の鍋に、鍋の半分の高さまで（水4カップ）水を入れ、グラグラいうまで沸騰させる。フツフツくらいでは100℃にならないので、ちゃんと沸騰させる。
2　1が完全に沸騰したら水1カップを入れ、器に割り入れた卵を静かに入れ、火を止める。ふたをして15分おく。
3　だし汁にしょうゆ、みりんを加えてひと煮立ちさせる。
4　器に2を盛り、3を注ぎ入れる。

ごはんにもお酒にも似合うのが卵。
少し時間をおくだけで、
卵は自由自在に変化していく。

# 卵の朝ごはん、二つのストーリー。

## un

サクラコは、朝ごはんを彼につくってもらうのが好きだった。たいていは、カフェオレとバターとジャムをたっぷり塗ったパン、ときどきは、京都から取り寄せた鰻の佃煮をのせたお茶漬け、など。

その日はパンの朝ごはん。

「卵も食べる？」の質問に、

「きっかり3分の半熟で」と答えた。

しばらくしたら、彼はとても困った顔をしてサクラコのところにやってきた。

「エッグスタンドを割ってしまって、一つしかないんだ」

途方に暮れている。

別にエッグスタンドなんて、いらないじゃん、とサクラコは思ったのだが、

「それは困ったわね」と一緒に困ってあげた。

そうこうするうちに、朝ごはんの準備は整った。カフェオレとマフィン、今日のジャムはいちじくとマーマレード。きっかり3分ゆでられた卵は、一つはエッグスタンドの上。もう一つの卵はシャンパングラスの上にのせられた。

彼はとても満足げに、スプーンの背で卵の殻を割って、フルール・ド・セルとバターをのせて、食べ始めた。

## deux

　カトリーヌが、ある日、食いしん坊な彼に聞いてみた。
「ねえ、今度、何か料理を作ってくれない？」
彼はちょっとだけ顔をしかめた。
　イタリア料理とワインにうるさくて、女の人が大好きだというのに、彼は料理を作るのがからきし苦手だったから。
　もちろん、カトリーヌは彼が料理を作れないことは知っていたのだけれど、レストランで食事をしながら、辛口の批評をしている彼に少し意地悪が言いたくなってしまったのだ。
　翌朝、彼はカトリーヌに目玉焼きを焼いてくれた。ローズマリーの香りをうつした上質なオリーブ油で卵を二つ焼き、おろしたてのパルミジャーノチーズをふってくれた。
「僕にできるこれが最高の料理だよ」
　卵の料理にも、ちょっとしたアレンジが必要。それが、大人の恋というものだ。突然の朝食だって、ちょっと手間をかけてみなければ……。

イラストレーション　ナタリー・レテ
AD・デザイン　中村善郎（Yen）
撮影　青砥茂樹（講談社写真部）
スタイリング　平野由希子
編集協力　亀山くみこ

撮影協力：
galerie doux dimanche aoyama（48ページのキッチンクロス）
ティサージュ・ムテ / （株）オー・ローズ

**自慢《じまん》したくなる卵《たまご》の料理《りょうり》**

2008年11月10日　第1刷発行

著　者　平野由希子《ひらのゆきこ》
発行者　野間佐和子
発行所　株式会社講談社
〒112-8001
東京都文京区音羽2-12-21
販売部　tel 03-5395-3625
業務部　tel 03-5395-3615
編　集　株式会社講談社エディトリアル
代表　土門康男
〒112-0012
東京都文京区大塚2-8-3 講談社護国寺ビル
編集部　tel 03-5319-2171
印刷所　凸版印刷株式会社
製本所　大口製本印刷株式会社

定価はカバーに表示してあります。
落丁本・乱丁本はご購入書店名を明記のうえ、講談社業務部宛にお送りください。
送料小社負担にてお取り替えいたします。
なお、この本についてのお問い合わせは、講談社エディトリアル宛にお願いいたします。
本書の無断複写（コピー）は著作権法上での例外を除き、禁じられています。

ISBN978-4-06-278378-1　N.D.C.596　99p　21cm